RUSSIAN HANDWRITING
WORKBOOK
FOR BEGINNERS

THIS BOOK BELONGS TO:
ЭТА КНИГА ПРИНАДЛЕЖИТ:

_____

_____

_____

"Russian Handwriting Workbook" is educational book where you can practice letters, words and sentences including upper and lower case in cursive handwriting style.

Each letter contains pronunciation and a word that begins with that letter and corresponding picture.

This workbook is perfect for anyone who wants to learn to write Russian.

Learn Russian Alphabet with Fun!

Russian Alphabet

Алфавит

Аа	*Аа*	Кк	*Кк*	Хх	*Хх*
Бб	*Бб*	Лл	*Лл*	Цц	*Цц*
Вв	*Вв*	Мм	*Мм*	Чч	*Чч*
Гг	*Гг*	Нн	*Нн*	Шш	*Шш*
Дд	*Дд*	Оо	*Оо*	Щщ	*Щщ*
Ее	*Ее*	Пп	*Пп*	ъ	*ъ*
Ёё	*Ёё*	Рр	*Рр*	ы	*ы*
Жж	*Жж*	Сс	*Сс*	ь	*ь*
Зз	*Зз*	Тт	*Тт*	Ээ	*Ээ*
Ии	*Ии*	Уу	*Уу*	Юю	*Юю*
Йй	*Йй*	Фф	*Фф*	Яя	*Яя*

Aa

[ah]

A A A A A A A
A A A A A A A
A A A A A A A

A A A A A A A
A A A A A A A
A A A A A
A A A A
A A A
A
A
A
A
A
A

Ананас
Pineapple

a *a a a a a a a a a a a a*

a *a a a a a a a a a a a*

a *a a a a a a a a a a*

a *a a a a a a a*

a *a a a a a a a*

a *a a a a*

a

a

Aa *Aa Aa Aa Aa Aa*

Aa *Aa Aa Aa*

Aa *Aa Aa Aa*

Aa

Aa

автобус
bus

Бб

[beh]

Белка
Squirrel

д д д д д д д д д д д д д д д д

д д д д д д д д д д д д д д д

д д д д д д д д д д д д д д д

д д д д д д д д д д д д д

д д д д д д д д д д

д д д д д д

д

д

Бд Бд Бд Бд Бд Бд Бд

Бд Бд Бд Бд

Бд Бд Бд Бд

Бд

Бд

бабочка
butterfly

Вв

[veh]

В В В В В В В
В В В В В В В
В В В В В В В

В В В В В В В В
В В В В В В В В
В В В В В В
В В В В В
В В

В
В
В
В
В

Велосипед
Bicycle

в в в в в в в в в в в в
в в в в в в в в в в в в
в в в в в в в в в в в в
в в в в в в в в в в
в в в в в в в в в
в в в в в
в
в
Вв Вв Вв Вв Вв Вв Вв
Вв Вв Вв Вв
Вв Вв Вв Вв
Вв
Вв

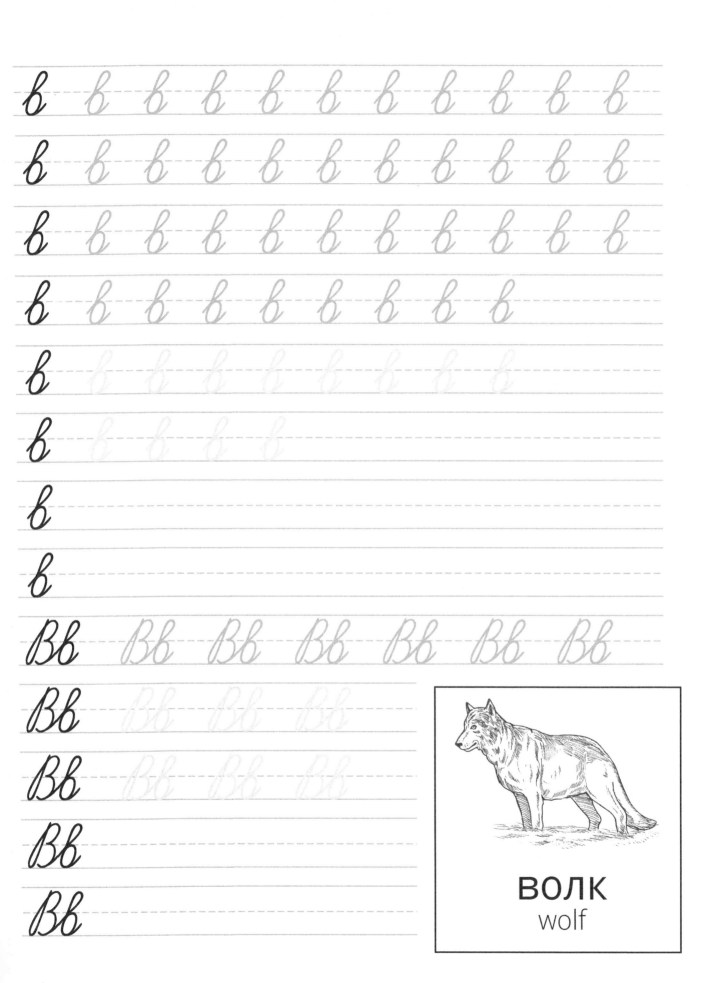

ВОЛК
wolf

Г

[geh]

Г Г Г Г Г Г Г Г
Г Г Г Г Г Г Г Г
Г Г Г Г Г Г Г Г

Г Г Г Г Г Г Г Г Г
Г Г Г Г Г Г Г Г Г
Г Г Г Г Г Г Г
Г Г Г Г Г Г Г
Г Г Г Г Г Г
Г
Г
Г
Г
Г

Гитара
Guitar

голубь
pigeons

Дд

[deh]

Дерево
Tree

g g g g g g g g g g g g g

g g g g g g g g g g g g g

g g g g g g g g g g g g g

g g g g g g g g g g

g g g g g g g g g g

g g g g g

g

g

Dg Dg Dg Dg Dg Dg Dg

Dg Dg Dg Dg

Dg Dg Dg Dg

Dg

Dg

дельфин
dolphin

Ээ

[yeh]

Э Э Э Э Э Э Э Э Э
Э Э Э Э Э Э Э Э Э
Э Э Э Э Э Э Э Э Э

Э Э Э Э Э Э Э Э Э
Э Э Э Э Э Э Э Э Э
Э Э Э Э Э Э Э
Э Э Э Э Э Э
Э Э Э Э
Э
Э
Э
Э
Э

Енот
Raccoon

e e e e e e e e e e e e e e e e

e e e e e e e e e e e e e e e e

e e e e e e e e e e e e e e e e

e e e e e e e e e e e

e e e e e

e e e e

e

e

Ее Ее Ее Ее Ее Ее Ее Ее

Ее Ее Ее Ее Ее

Ее Ее Ее Ее

Ее

Ее

единорог
unicorn

Ёё

[yo]

Ёё Ё Ё Ё Ё Ё Ё Ё
Ёё Ё Ё Ё Ё Ё Ё Ё
Ёё Ё Ё Ё Ё Ё Ё
Ё Ё Ё Ё Ё Ё Ё Ё Ё
Ё Ё Ё Ё Ё Ё Ё Ё Ё
Ё Ё Ё Ё Ё Ё
Ё Ё Ё Ё Ё Ё
Ё Ё Ё Ё
Ё
Ё
Ё
Ё
Ё

Ёлка
Christmas tree

ё ё ё ё ё ё ё ё ё ё ё ё

ё ё ё ё ё ё ё ё ё ё ё ё

ё ё ё ё ё ё ё ё ё ё ё ё

ё ё ё ё ё ё ё ё ё ё

ё ё ё ё ё

ё ё ё ё

ё

ё

Ёё Ёё Ёё Ёё Ёё Ёё Ёё

Ёё Ёё Ёё Ёё Ёё

Ёё Ёё Ёё Ёё

Ёё

Ёё

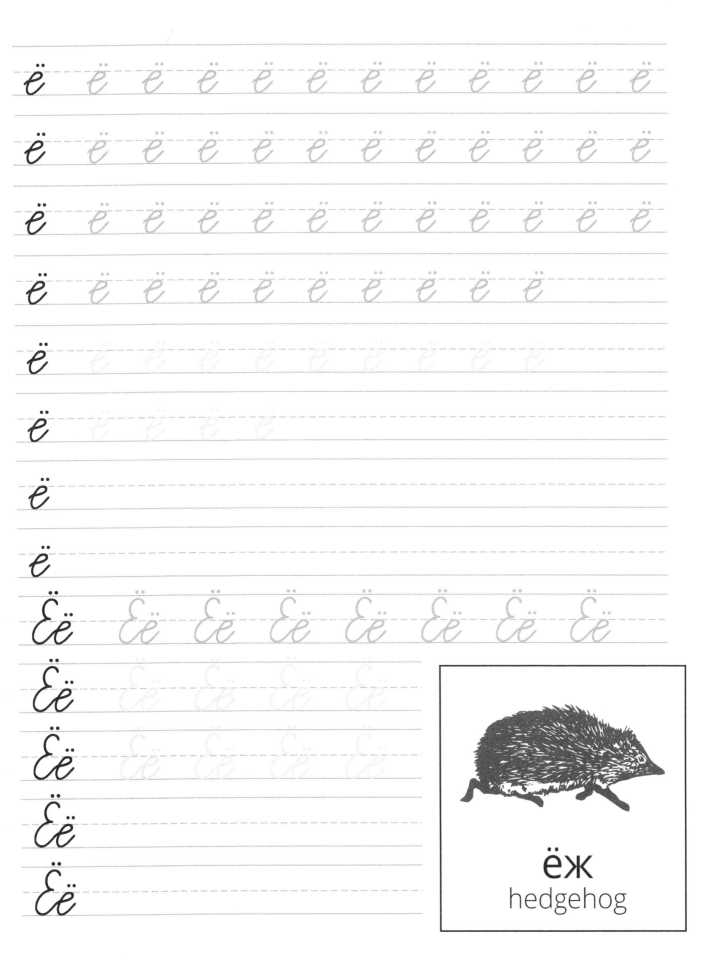

ёж
hedgehog

Жж

[zheh]

Жираф
Giraffe

ж ж ж ж ж ж ж ж

ж ж ж ж ж ж ж ж

ж ж ж ж ж ж ж ж

ж ж ж ж ж

ж ж ж ж ж

ж ж ж

ж

ж

Жж Жж Жж Жж

Жж Жж Жж

Жж Жж Жж

Жж

Жж

жук
beatle

Зз

[zeh]

З З З З З З З З

З З З З З З З З

З З З З З З З З

З З З З З З З З З

З З З З З З З З З

З З З З З З З З

З З З З З З З

З З З З

З

З

З

З

З

З

Зонтик
Umbrella

З з з з з з з з з з з з з

З з з з з з з з з з з з з

З з з з з з з з з з з з з

З з з з з з з з з з з

З з з з з з з з з

З з з з з

З

З

Зз Зз Зз Зз Зз Зз Зз Зз

Зз

Зз

Зз

Зз

Зз

зебра
zebra

Ии

[ee]

Ии

Индюк
Turkey

и   и   и   и   и   и   и   и   и   и   и

и   и   и   и   и   и   и   и   и   и   и

и   и   и   и   и   и   и   и   и   и   и

и   и   и   и   и   и   и   и   и

и   и   и   и   и   и   и   и   и

и   и   и   и   и

и

и

Ии   Ии   Ии   Ии   Ии   Ии   Ии   Ии

Ии   Ии   Ии   Ии

Ии   Ии   Ии   Ии

Ии

Ии

игра
game

Йй

[ee kratkoyeh]

Й Й Й Й Й Й Й
Й Й Й Й Й Й Й
Й Й Й Й Й Й Й

Й Й Й Й Й Й Й Й
Й Й Й Й Й Й Й Й
Й Й Й Й Й Й
Й Й Й Й Й
Й Й Й
Й
Й
Й
Й
Й

Йогурт
Yogurt

й й й й й й й й й й

й й й й й й й й й й

й й й й й й й й й й

й й й й й й й й

й й й й й й й

й й й й

й

й

Йй Йй Йй Йй Йй Йй Йй

Йй Йй Йй Йй

Йй Йй Йй Йй

Йй

Йй

йога
yoga

Кк

[kah]

Киви
Kiwi

к к к к к к к к к к к

к к к к к к к к к к к

к к к к к к к к к к к

к к к к к к к к к

к к к к к к к

к к к к

к

к

Кк Кк Кк Кк Кк Кк Кк

Кк Кк Кк Кк

Кк Кк Кк Кк

Кк

Кк

корова

COW

Лл

[ehl]

Л Л Л Л Л Л Л

Л Л Л Л Л Л Л

Л Л Л Л Л Л Л

Л Л Л Л Л Л Л

Л Л Л Л Л Л Л

Л Л Л Л Л

Л Л Л Л

Л Л Л

Л

Л

Л

Л

Л

Лошадь
Horse

л *л л л л л л л л л*

л *л л л л л л л л л*

л *л л л л л л л л л*

л *л л л л л л л*

л *л л л л л л л*

л *л л л л л*

л

л

Лл *Лл Лл Лл Лл Лл*

Лл *Лл Лл Лл*

Лл *Лл Лл Лл*

Лл

Лл

лебедь
swan

Мм

[ehm]

М М М М М М

Мяч
Ball

М М М М М М М М М М

М М М М М М М М М М

М М М М М М М М М М

М М М М М М М М

М М М М М М М

М М М М М

М

М

Мм Мм Мм Мм Мм

Мм Мм Мм

Мм Мм Мм

Мм

Мм

медведь
bear

Нн

[ehn]

Н Н Н Н Н Н
Н Н Н Н Н Н
Н Н Н Н Н Н

Н Н Н Н Н Н Н
Н Н Н Н Н Н Н
Н Н Н Н Н
Н Н Н Н Н
Н Н Н
Н
Н
Н
Н
Н

Носорог
Rhinoceros

н н н н н н н н н н н н

н н н н н н н н н н н н

н н н н н н н н н н н н

н н н н н н н н н

н н н н н н

н н н н

н

н

Нн Нн Нн Нн Нн Нн

Нн Нн Нн Нн

Нн Нн Нн Нн

Нн

Нн

НОЖНИЦЫ
scissors

Oo

[oh]

Очки
Glasses

о о о о о о о о о о о о о

о о о о о о о о о о о о о

о о о о о о о о о о о о о

о о о о о о о о о о

о о о о о о о о о о

о о о о о о

о

о

Оо Оо Оо Оо Оо Оо Оо Оо

Оо Оо Оо Оо

Оо Оо Оо Оо

Оо

Оо

олень
deer

Пп

[peh]

Помидор
Tomato

п *п* *п* *п* *п* *п* *п* *п* *п* *п* *п*

п *п* *п* *п* *п* *п* *п* *п* *п* *п* *п*

п *п* *п* *п* *п* *п* *п* *п* *п* *п* *п*

п *п* *п* *п* *п* *п* *п* *п*

п *п* *п* *п* *п* *п* *п*

п *п* *п* *п* *п*

п

п

Пп *Пп* *Пп* *Пп* *Пп*

Пп *Пп* *Пп* *Пп*

Пп *Пп* *Пп* *Пп*

Пп

Пп

поезд
train

Рр
[ehr]

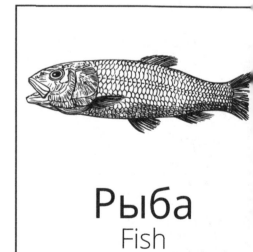

Рыба
Fish

р р р р р р р р р р р р

р р р р р р р р р р р р

р р р р р р р р р р р

р р р р р р р р р

р р р р р р р

р р р р р

р

р

Рр Рр Рр Рр Рр Рр Рр

Рр Рр Рр Рр

Рр Рр Рр Рр

Рр

Рр

ракета
rocket

Cc

[ehs]

C C C C C C C C

C C C C C C C C

C C C C C C C C

C C C C C C C C C

C C C C C C C C C

C C C C C C C

C C C C C C

C C C C

C

C

C

C

C

C

Самолёт
Plane

c c c c c c c c c c c c c

c c c c c c c c c c c c c

c c c c c c c c c c c c c

c c c c c c c c c c

c c c c c c c c c c

c c c c c

c

c

Cc Cc Cc Cc Cc Cc Cc Cc Cc Cc

Cc Cc Cc Cc Cc

Cc Cc Cc Cc Cc

Cc

Cc

СЛОН
elephant

Тт

[teh]

Тигр
Tiger

m m m m m m m m m

m m m m m m m m m

m m m m m m m m m

m m m m m m m

m m m m m m

m m m m

m

m

Тm Тm Тm Тm Тm

Тm Тm Тm

Тm Тm Тm

Тm

Тm

торт
cake

У у

[oo]

У у у у у у у
У у у у у у у
У у у у у у у

У у у у у у у у у
У у у у у у у у у
У у у у у у у у
У у у у у у у
У у у у
У
У
У
У
У

Утюг
Iron

у *у у у у у у у у у у у у у*

у *у у у у у у у у у у у у у*

у *у у у у у у у у у у у у у*

у *у у у у у у у у у улитка*

у *у у у у у у у у*

у *у у у у*

у

у

Уу *Уу Уу Уу Уу Уу Уу Уу*

Уу *Уу Уу Уу Уу*

Уу *Уу Уу Уу*

Уу

Уу

улитка
snail

Фф

[ehf]

Флаг
Flag

факел
torch

Хх

[khah]

Х х х х х

Х х х х х

Х х х х х

Х х х х х х

Х х х х х х

Х х х х х

Х х х х

Х х х

Х

Х

Х

Х

Х

Хлеб
Bread

x x x x x x x x x

x x x x x x x x x

x x x x x x x x x

x x x x x x x

x x x x x x x

x x x x x

x

x

Xx Xx Xx Xx Xx Xx

Xx Xx Xx

Xx Xx Xx

Xx

Xx

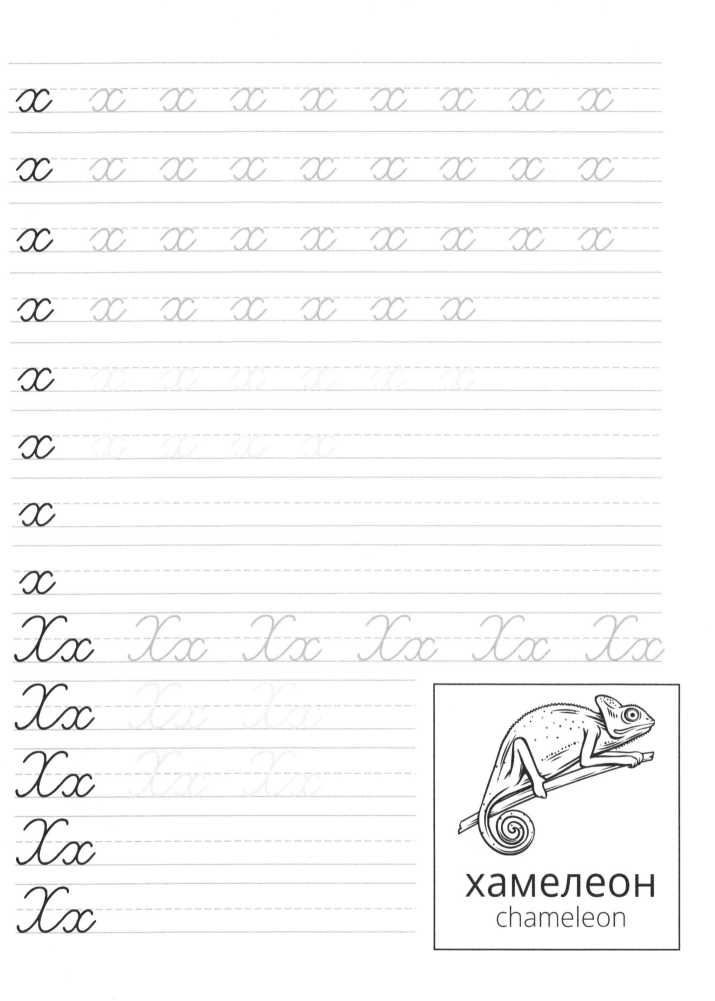

хамелеон

chameleon

Цц

[tseh]

Ц Ц Ц Ц Ц Ц
Ц Ц Ц Ц Ц Ц
Ц Ц Ц Ц Ц Ц

Ц Ц Ц Ц Ц Ц Ц
Ц Ц Ц Ц Ц Ц Ц
Ц Ц Ц Ц Ц
Ц Ц Ц Ц Ц
Ц Ц Ц
Ц
Ц
Ц
Ц
Ц

Цветы
Flowers

Цу Цу Цу Цу Цу Цу Цу Цу Цу Цу

Цу Цу Цу Цу Цу Цу Цу Цу Цу Цу

Цу Цу Цу Цу Цу Цу Цу Цу Цу Цу

Цу Цу Цу Цу Цу Цу Цу Цу

Цу Цу Цу Цу Цу Цу Цу

Цу Цу Цу Цу Цу

Цу

Цу

Цуц Цуц Цуц Цуц Цуц Цуц

Цуц Цуц Цуц Цуц

Цуц Цуц Цуц Цуц

Цуц

Цуц

ЦЫПЛЁНОК
chick

Чч

[cheh]

Часы
Clock

ч ч ч ч ч ч ч ч ч ч ч

ч ч ч ч ч ч ч ч ч ч ч

ч ч ч ч ч ч ч ч ч ч ч

ч ч ч ч ч ч ч ч ч

ч ч ч ч ч ч

ч ч ч ч ч

ч

ч

Чч Чч Чч Чч Чч Чч Чч

Чч Чч Чч Чч

Чч Чч Чч Чч

Чч

Чч

чайник
kettle

Шш

[shah]

Ш Ш Ш Ш Ш
Ш Ш Ш Ш Ш
Ш Ш Ш Ш Ш

Ш Ш Ш Ш Ш Ш
Ш Ш Ш Ш Ш Ш
Ш Ш Ш Ш Ш
Ш Ш Ш Ш Ш
Ш Ш Ш
Ш
Ш
Ш
Ш
Ш

Шишка
Cone

ш ш ш ш ш ш ш ш ш ш

ш ш ш ш ш ш ш ш ш ш

ш ш ш ш ш ш ш ш ш ш

ш ш ш ш ш ш ш

ш ш ш ш ш ш

ш ш ш ш

ш

ш

Шш Шш Шш Шш Шш

Шш Шш Шш

Шш Шш Шш

Шш

Шш

шмель
bumblebee

Щщ

[schyah]

Щ Щ Щ Щ Щ
Щ Щ Щ Щ Щ
Щ Щ Щ Щ Щ

Щ Щ Щ Щ Щ Щ
Щ Щ Щ Щ Щ Щ
Щ Щ Щ Щ Щ
Щ Щ Щ Щ
Щ Щ Щ
Щ
Щ
Щ
Щ
Щ

Щенок
Puppy

Щ Щ Щ Щ Щ Щ Щ Щ Щ

Щ Щ Щ Щ Щ Щ Щ Щ Щ

Щ Щ Щ Щ Щ Щ Щ Щ Щ

Щ Щ Щ Щ Щ Щ Щ Щ

Щ Щ Щ Щ Щ Щ

Щ Щ Щ Щ Щ

Щ

Щ

Щщ Щщ Щщ Щщ Щщ

Щщ Щщ Щщ

Щщ Щщ Щщ

Щщ

Щщ

щётка
brush

ъ

[tvyordiy znahk]

съёмка
shooting

ы

[i]

ы ы ы ы ы ы

ы ы ы ы ы ы

ы ы ы ы ы ы

ы ы ы ы ы ы ы ы

ы ы ы ы ы ы ы ы

ы ы ы ы ы ы

ы ы ы ы ы

ы ы ы ы

ы

ы

ы

ы

сыр
cheese

ь

[myagkeey znahk]

обувь
shoes

Ээ

[eh]

Э Э Э Э Э Э Э Э
Э Э Э Э Э Э Э Э
Э Э Э Э Э Э Э Э

Э Э Э Э Э Э Э Э
Э Э Э Э Э Э Э Э
Э Э Э Э Э Э
Э Э Э Э Э
Э Э Э Э
Э
Э
Э
Э
Э

Эверест
Everest

Э Э Э Э Э Э Э Э Э Э Э

Э Э Э Э Э Э Э Э Э Э Э

Э Э Э Э Э Э Э Э Э Э Э

Э Э Э Э Э Э Э Э Э

Э Э Э Э Э Э Э

Э Э Э Э Э

Э

Э

Ээ Ээ Ээ Ээ Ээ Ээ Ээ Ээ

Ээ Ээ Ээ Ээ Ээ

Ээ Ээ Ээ Ээ Ээ

Ээ

Ээ

экскаватор

excavator

Юю

[yoo]

Ю Ю Ю Ю Ю

Ю Ю Ю Ю Ю

Ю Ю Ю Ю Ю

Ю Ю Ю Ю Ю Ю

Ю Ю Ю Ю Ю Ю

Ю Ю Ю Ю Ю

Ю Ю Ю Ю

Ю Ю Ю Ю

Ю

Ю

Ю

Ю

Ю

Юбка
Skirt

ю ю ю ю ю ю ю ю ю ю

ю ю ю ю ю ю ю ю ю ю

ю ю ю ю ю ю ю ю ю ю

ю ю ю ю ю ю ю ю

ю ю ю ю ю ю ю

ю ю ю ю ю

ю

ю

Юю Юю Юю Юю Юю Юю

Юю Юю Юю Юю

Юю Юю Юю Юю

Юю

Юю

ЮГ
south

Яя

[yah]

Я Я Я Я Я Я Я
Я Я Я Я Я Я Я
Я Я Я Я Я Я Я

Я Я Я Я Я Я Я
Я Я Я Я Я Я Я
Я Я Я Я Я
Я Я Я Я Я
Я Я Я
Я
Я
Я
Я
Я

Яблоко
Apple

Я Я Я Я Я Я Я Я Я Я Я Я

Я Я Я Я Я Я Я Я Я Я Я Я

Я Я Я Я Я Я Я Я Я Я Я Я

Я Я Я Я Я Я Я Я Я

Я Я Я Я Я Я Я Я

Я Я Я Я Я

Я

Я

Яя Яя Яя Яя Яя Яя Яя

Яя Яя Яя Яя

Яя Яя Яя Яя

Яя

Яя

ящерица
lizard

но   но

ба   ба

ре   ре

фо   фо

ти   ти

ку   ку

ся   ся

ва   ва

го   го

шу   шу

че   че

ау   ау

же   же

Цо Цо

Са Са

Ке Ке

Зо Зо

Чи Чи

Ху Ху

Бя Бя

Жа Жа

Йо Йо

Ву Ву

Яа Яа

Ои Ои

Де Де

до   до

за   за

из   из

ко   ко

ан   ан

ил   ил

во   во

об   об

юк   юк

щи   щи

ца   ца

ма   ма

ен   ен

Мо Мо

Уа Уа

Цр Цр

Що Що

Аг Аг

Ци Ци

Бо Бо

Ог Ог

Юп Юп

Щё Щё

Не Не

Па Па

Лё Лё

ёж
hedgehog

ум
mind

юг
south

душ
shower

жук
beetle

кот
cat

рис
rice

зуб
tooth

кит
whale

лук
onion

миф
myth

нос
nose

час
hour

Шаг
step

Яма
pit

Хор
chorus

Ухо
ear

Суп
soup

Нож
knife

Меч
sword

Луч
ray

Код
code

Имя
name

Еда
food

Вид
view

Жар
heat

бобр
beaver

ваза
vase

глаз
eye

дыня
melon

енот
raccoon

мыло
soap

река
river

цвет
color

язык
tongue

внук
grandson

игра
game

лифт
elevator

опыт
experience

Ритм
rhythm

Тень
shadow

Урок
lesson

Цена
price

Шина
tire

Враг
enemy

Гром
thunder

Ёлка
Christmas tree

Звон
ringing

Трус
coward

Лось
elk

Мода
fashion

План
plan

запах
smell

лимон
limon

ягуар
jaguar

улица
street

перец
pepper

объём
volume

жених
groom

ванна
bath

огонь
fire

город
city

забор
fence

вилка
fork

песня
song

Мечта
dream

Удача
luck

Хобби
hobby

Шёпот
whisper

Акула
shark

Губка
sponge

Заказ
order

Лодка
boat

Пицца
pizza

Хомяк
hamster

Ложка
spoon

Щенок
puppy

Конус
cone

авгуcт
august

дерево
tree

малина
raspberry

дорога
road

корова
cow

машина
car

волосы
hair

страна
country

огурец
cucumber

звезда
star

любовь
love

дружба
friendship

собака
dog

Погода
weather

Радуга
rainbow

Ананас
pineapple

Гитара
guitar

Йогурт
yogurt

Фонарь
flashlight

Чайник
kettle

Бизнес
business

Съёмка
shooting

Зонтик
umbrella

Лошадь
horse

Цветок
flower

Джинсы
jeans

На ветке сидит белка.
A squirrel is sitting on a branch.

Погода сегодня хорошая.
The Weather is good today.

Девочка ходит в школу.
The girl goes to school.

Котёнок играет с мячиком.
The kitten is playing with a ball.

Повар печёт хлеб.
The cook bakes bread.

На дереве растут яблоки.
Apples grow on the tree.

Бабушка вяжет свитер.
Granny is knitting a sweater.

В огороде растут овощи.
Vegetables grow in the garden.

Дети читают книгу.
Children are reading a book.

Дедушка сидит в кресле.
Grandpa is sitting in a chair.

В зоопарке живёт слон.
An elephant lives in the zoo.

Мама готовит ужин.
Mom is making dinner.

По небу летит самолёт.
A plane is flying through the sky.

Люди плывут на корабле.
People are sailing on a ship.

Машина стоит возле дома.
The car is parked outside the house.

Мальчик едет на велосипеде.
A boy is riding a bicycle.

Листья падают с деревьев.
Leaves fall from the trees.

На пальме сидит обезьяна.
A monkey is sitting on a palm tree.

У жирафа длинная шея.
The giraffe has a long neck.

Солнце жёлтого цвета.
The sun is yellow.

Доктор лечит пациентов.
The doctor treats patients.

В парке растут цветы.
Flowers grow in the park.

В озере плавают утки.
Ducks are swimming in the lake.

Пчёлы делают мёд.
Bees make honey.

Я иду в магазин.
I am going to the store.

На улице идёт дождь.
It is raining outside.

Семья едет в путешествие.
The family is going on a trip.

Мальчик рисует картину.
The boy is drawing a picture.

Он вернулся с работы.
He's back from work.

Ракета улетела в космос.
The rocket flew into space.

Она работает в банке.
She works in a bank.

Мы идём в ресторан.
We are going to a restaurant.

Я пропустил автобус.
I missed the bus.

Они чистят ковёр.
They are cleaning the carpet.

Мне позвонил мой друг.
I got a call from friend of mine.

Писатель опубликовал свою

The writer has published his first book.

первую книгу.

На столе стоит ваза с

On the table is a vase of fragrant flowers.

ароматными цветами.

Кот наблюдал за птицами,

The cat was watching the birds that were sitting on the branches of the trees.

которые сидели на ветках

деревьев.

Он забронировал номер в

люксовом отеле.

Когда она вернулась домой,

ужин был уже на столе.

Мои друзья сделали мне

сюрприз, подарив на День

Рождения щенка.

Дети играли в парке пока

The children were playing in the park until it rained.

не пошёл дождь.

На дне океана нашли сундук

A chest of gold was found at the bottom of the ocean.

с золотом.

Проезжающая машина,

A passing car lit up the entire street with its headlights.

осветила своими фарами

всю улицу.

Они пришли на станцию,

They arrived at the station but the train had already left.

но поезд уже уехал.

Когда я закончил книгу,

When I finished the book I returned it to the library.

я вернул её в библиотеку.

После того как официант

After the waiter brought the main dish we ordered dessert

принёс основное блюдо, мы

заказали десерт.

Из собравших в лесу грибов,

We made soup from the mushrooms we had gathered in the forest.

мы сделали суп.

Лучи, уходящего солнца,

The rays of the departing sun disappeared behind the horizon.

скрылись за горизонт.

На чердаке нашего дома,

We found old letters and photographs in the attic of our house.

мы нашли старые письма

и фотографии.

Made in the USA
Las Vegas, NV
13 April 2024

88660899R00057